"NO SE PUEDE QUERER NI ODIAR NADA
SIN ANTES HACERLO."

Leonardo da Vinci

DESCUBRIENDO EL MÁGICO MUNDO DE

LEONARDO DA VINCI

Textos de Maria J. Jordà

Actividades pedagógicas de Carles Torrent Pagès

OCÉANO Travesía

Derechos exclusivos en lengua española: © Editorial Océano S.L. | Editor de Océano Travesía: Daniel Goldin | www.oceano.com | D.R. © Editorial Océano de México, S.A. de C.V. | www.oceano.mx | Segunda edición, 2012 | ISBN: 978-84-494-4259-9 (Océano España) | ISBN: 978-607-400-408-3 (Océano México) | Depósito legal: B-14549-LV | Quedan rigurosamente prohibidas, sin la autorización escrita del editor, bajo las sanciones establecidas por las leyes, la reproducción parcial o total de esta obra por cualquier medio o procedimiento, comprendidos la reprografía y el tratamiento informático | *Printed in Spain*

PEQUEÑA BIOGRAFÍA DE
LEONARDO da VINCI

¡Hola! Soy Leonardo da Vinci, el gran pintor, escultor, arquitecto, ingeniero y científico del siglo XV. Seguramente me conoces por mis pinturas, pero lo que quizá no sepas es que también me dediqué a esculpir, diseñar, cocinar y preparar banquetes, estudiar el cuerpo humano y observar las estrellas, entre otras muchas cosas.

¿Te imaginas cómo era mi vida hace quinientos años? La historia que voy a contarte te transportará a aquel tiempo, una época de grandes cambios en el arte, la cultura y la ciencia. Un período llamado Renacimiento, del que dicen que yo fui uno de sus grandes protagonistas. ¡Ahora lee con atención!

Nací el 15 de abril de 1452 en Italia, en un pequeño pueblo de la Toscana llamado Vinci. Mi padre se llamaba Piero da Vinci y era notario, como mi abuelo y mi bisabuelo. Provenía de una familia importante y rica que poseía muchas tierras. Mi madre se llamaba Caterina d'Anchiano y trabajaba para la familia da Vinci. Mi padre y mi madre pertenecían a clases sociales muy distintas, por lo que no se pudieron casar. Así que yo era hijo ilegítimo, es decir hijo fuera del matrimonio. Pero eso no suponía ningún problema en aquella época, ya que incluso el papa tenía hijos ilegítimos. Tanto mis padres como mis abuelos me aceptaron muy bien, porque yo era su primer hijo y su primer nieto. Bajo su tutela, crecí en aquel pequeño pueblo rodeado de la naturaleza y de los campesinos que vivían allí. ¡Todo aquello me encantaba! Recuerdo especialmente la recogida de la aceituna, el producto típico de la Toscana. ¡Todo el pueblo participaba! Se recogían aceitunas con grandes cestos y se llevaban a prensar al molino de aceite, llamado también almazara. El recuerdo de aquel paisaje lleno de olivos y el olor a aceite me acompañaron toda mi vida.

Me gustaba mucho leer y aprender, pero lo que más me gustaba era inventar adivinanzas y dibujar. Estudié música y enseguida aprendí a tocar el laúd y a improvisar cantos. Pero era muy inestable y al cabo de poco tiempo abandonaba la mayoría de las actividades que empezaba. En cambio, nunca dejé de dibujar.

Por ser hijo ilegítimo, no me permitieron estudiar una carrera y no pude aprender latín ni griego. Eso sí fue un inconveniente, porque no pude leer los libros de los antiguos sabios. Hablaba y escribía en toscano, un dialecto del italiano. Pero de mayor, estudié por mi cuenta latín, griego y muchas materias más.

Tenía dieciséis años cuando a mi padre le ofrecieron un buen trabajo en Florencia: le pidieron que fuese el notario de los Medici, una familia muy destacada que en aquel momento gobernaba la ciudad. Yo, que tenía un gran interés en conocer mundo, me fui con él. Florencia me fascinó: ¡Era el centro mundial de la cultura! Mi padre, que era consciente de mi habilidad para el dibujo, llevó algunos de mis esbozos a uno de los grandes maestros de la ciudad: Andrea Verrochio. Cuando Andrea los vio, se quedó maravillado y le recomendó que me llevara a su taller a aprender el oficio. Allí recibí una educación artística muy completa: escultura, pintura, arquitectura, estudio de la figura, leyes de la perspectiva, etc. Yo tenía unas ganas enormes de aprender.

Una vez, mi maestro me pidió que le ayudara a terminar uno de sus cuadros. Entonces, pinté un ángel tan bello que Verrochio, indignado porque un alumno suyo había pintado mejor que él, decidió no volver a tocar nunca más los pinceles y se dedicó solamente a la escultura.

Pronto mi fama de artista, científico y arquitecto fue creciendo. Viví en Florencia, Milán y Roma, y trabajé bajo las órdenes de personajes tan ilustres como el duque de Milán, el rey de Francia e incluso el papa de Roma.

Las investigaciones y los estudios que hice revolucionaron el mundo del arte y de la ciencia. ¿Sabías que utensilios como el paracaídas, el compás o la bicicleta ya los había dibujado yo en mis cuadernos hace quinientos años?

Continúa leyendo y descubrirás un montón de anécdotas que te van a sorprender. ¡Espero que te diviertas!

Retrato fotográfico de Leonardo, 1885

Florencia, 1472

MADONNA BENOIS, 1478-1480

Óleo sobre tabla traspasado a tela (49,5 x 31,5 cm)
Museo del Ermitage, San Petersburgo (Rusia)

A los diecisiete años entré como alumno en el taller del prestigioso maestro Verrochio. Me entusiasmaba la idea de dedicarme a la pintura, la escultura, la arquitectura... Mi maestro pronto se dio cuenta de mi genialidad.

En el taller me hice muy amigo de un muchacho llamado Sandro Botticelli, quien más adelante también se convirtió en un famoso pintor. A menudo iba con él a las tabernas a comer, beber, tocar el laúd y cantar. ¡Cómo nos divertíamos!

Yo era una persona muy sociable y con un gran don de gentes. Esto me permitió conocer a muchas personas, entre las que se encontraban grandes científicos y matemáticos que me introdujeron en el mundo de la ciencia.

Sandro Botticelli

AHORA OBSERVA Y BUSCA:

(?) ¿Qué tiene la Virgen en su mano derecha? ¿Qué edad dirías que tiene? Observa su rostro y verás que parece el de una niña. Es la Virgen más joven que pinté.

(?) Incorporé una ventana en la composición (ése es un elemento típico de la pintura flamenca) para dar sensación de amplitud a la obra.

(?) ¿Te has fijado en la forma redondeada de la parte superior del cuadro? Era un formato típico de los cuadros religiosos de la época, a los que se les daba la misma forma del lugar donde se iban a poner: las capillas.

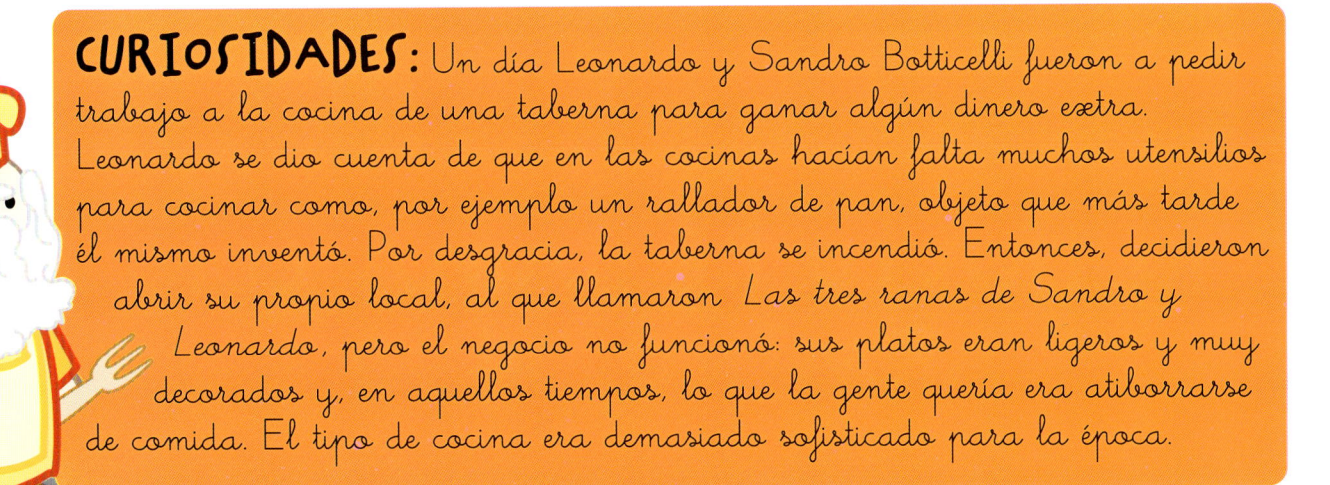

CURIOSIDADES: Un día Leonardo y Sandro Botticelli fueron a pedir trabajo a la cocina de una taberna para ganar algún dinero extra. Leonardo se dio cuenta de que en las cocinas hacían falta muchos utensilios para cocinar como, por ejemplo un rallador de pan, objeto que más tarde él mismo inventó. Por desgracia, la taberna se incendió. Entonces, decidieron abrir su propio local, al que llamaron *Las tres ranas de Sandro y Leonardo*, pero el negocio no funcionó: sus platos eran ligeros y muy decorados y, en aquellos tiempos, lo que la gente quería era atiborrarse de comida. El tipo de cocina era demasiado sofisticado para la época.

RETRATO DE DAMA CON ARMIÑO, 1490

*Óleo sobre tabla (54,8 x 40,3 cm)
Museo Czartorsyski, Cracovia (Polonia)*

Me gustaba trabajar en el taller de Verrochio, pero yo soñaba con ser un pintor independiente y tener mis propios encargos. Después de casi quince años trabajando con Verrochio, decidí marcharme. Quería ver mundo y crear mi propia obra. Mandé una carta al duque de Milán, Ludovico Sforza, ofreciéndole mis servicios como pintor, escultor, arquitecto, inventor y organizador de fiestas. El duque quedó impresionado con la larga lista de inventos y posibilidades que le ofrecía. ¡Me contrató enseguida! La corte de Ludovico Sforza, también llamado el Moro, era una de las más brillantes de Europa. Allí se encontraban los mejores arquitectos, filósofos, médicos, matemáticos, cantantes, bailarines... ¡Era un lugar fantástico para aprender y trabajar!

AHORA OBSERVA Y BUSCA:

- **¿Sabes quién es esta chica?** Su nombre era Cecilia Gallerani y fue una de las mujeres del duque de Milán, Ludovico Sforza, con quien tuvo un hijo llamado César.

- **¿Conoces el animal que sostiene Cecilia?** Es un armiño. Este animal era un símbolo de la limpieza y de la modestia, porque, según contaba la leyenda, huía de la suciedad y sólo comía una vez al día. También era el emblema del duque Ludovico.

- Sobre el hombro izquierdo de la muchacha pinté una ventana que después eliminé. Mi objetivo era centrar toda la atención en el rostro de la joven.

CURIOSIDADES: Leonardo era un artista compulsivo. A menudo planeaba grandes obras pictóricas, pero después no las terminaba. En 1481 el convento de San Donato de Florencia le encargó una gran obra para decorar su iglesia: *La adoración de los Magos*. Después de realizar muchísimos esbozos, Leonardo se marchó a Milán dejando la obra inacabada. Quince años después, Filippino Lippi la terminó.

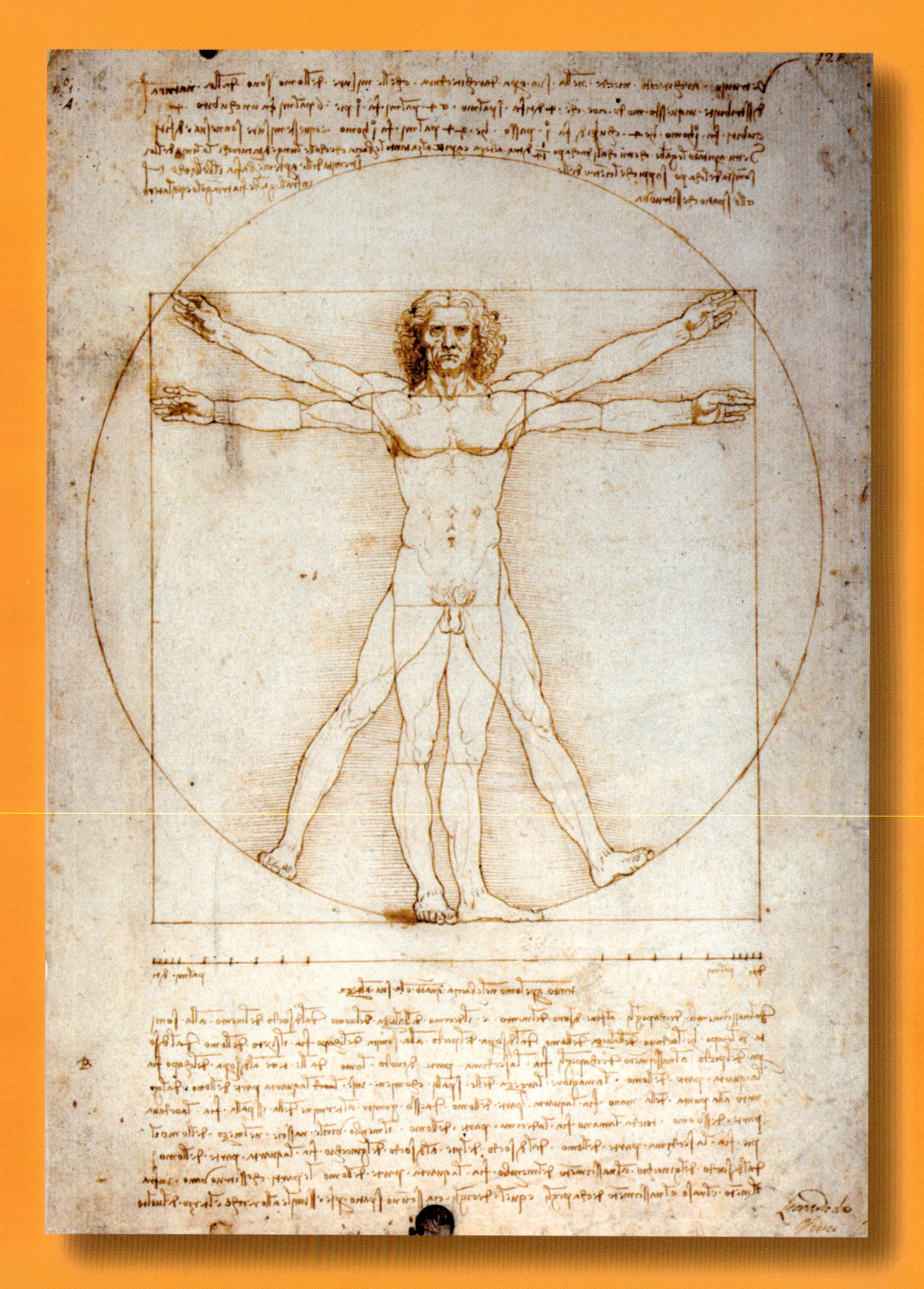

EL HOMBRE DE VITRUBIO, 1490

Técnica mixta sobre papel (34,4 x 24,5 cm)
Galería de la Academia, Venecia (Italia)

Bajo las órdenes de Ludovico Sforza, hice un poco de todo: arquitectura, pintura, diseño de máquinas, etc. Pero, sobre todo, organicé grandes espectáculos y banquetes. Para la boda de María Sforza, sobrina del duque, preparé enormes palacios de mazapán y gelatina, y organicé un espectáculo de lo más original.

En Milán tenía mi propio taller y un gran número de alumnos. Entre ellos estaba Gian Giacomo Caprotti de Onero, llamado Salai, un fiel discípulo que permaneció conmigo hasta mi muerte.

AHORA OBSERVA Y BUSCA:

(?) ¿Sabes por qué esta obra se llama *El hombre de Vitrubio*? Pues porque me inspiré en los estudios de un arquitecto romano que se llamaba Marcus Vitruvius Pollio, del siglo I a. C.

Palacio Rucellai, Florencia

Tapiz de la Creación, Girona

(?) ¿Dentro de qué figuras geométricas se encuentra este hombre? El cuadrado es la base de la arquitectura clásica y representa la materia. El círculo simboliza el universo. Con este estudio mi intención era relacionar la arquitectura con el cuerpo humano.

(?) En este dibujo hago un minucioso estudio de las proporciones del cuerpo humano. Buscaba un ideal de belleza, que finalmente encontré en la "proporción áurea" o "divina proporción". Ésta es la relación matemática que se expresa en la naturaleza a través del número de oro: 1,618.

(?) Esta imagen se ha hecho muy popular a lo largo de la historia. Incluso ha sido acuñada en las actuales monedas italianas de un euro.

CURIOSIDADES: Leonardo también inventó la servilleta, la máquina de hacer espaguetis y el tenedor de tres púas. Como maestro de fiestas y banquetes, hizo grandes aportaciones a la corte de Milán. Estableció normas de comportamiento en la mesa que hasta ese momento no existían, como por ejemplo: ningún invitado debe sentarse encima de la mesa, ni encima de otro invitado; no hay que poner la cabeza encima del plato; no se debe hacer ruido, ni dar codazos; no hay que meterse el dedo en la nariz ni en la oreja.

MONUMENTO ECUESTRE,
1490-1493

Francesco Sforza

El encargo más importante que recibí en Milán fue el Monumento ecuestre que el duque Ludovico quería construir en honor a su padre, Francesco Sforza. Diseñé un caballo de bronce de ocho metros de altura, que pretendía ser la mayor escultura jamás realizada hasta el momento. Era un encargo complicado por su tamaño, ¡pero yo estaba entusiasmado con aquel reto! Cuando todo estaba a punto para empezar a fundir el bronce, las tropas francesas de Carlos VIII entraron en Italia y las setenta toneladas de bronce destinadas al monumento se utilizaron para fabricar cañones. Así que el proyecto no se pudo llevar a cabo y de él sólo quedaron un montón de esbozos.

AHORA OBSERVA Y BUSCA:

- **¿Sobre cuántas patas se aguanta el caballo?** En principio mi idea era construir un caballo con las dos patas delanteras levantadas, pero debido al tamaño y al peso de la estatua, era muy difícil de hacerlo. Al final opté por una solución más realista y dejé sólo una pata levantada.

- **¿Sabes cuánto tiempo necesité para preparar esta escultura?** Durante tres años me dediqué exclusivamente a observar el movimiento de los caballos y los dibujé en distintas posturas.

- **¿Sabías que primero hice una estatua del caballo en yeso?** Durante años esta figura de yeso fue admirada en el castillo de Milán, pero en 1499 los arqueros franceses la usaron como diana y la destruyeron.

CURIOSIDADES: Leonardo pasó la infancia en el campo, en contacto directo con la naturaleza. En estas circunstancias, estableció una relación de gran respeto y cariño hacia los animales.
Sentía, sobre todo, una gran predilección por los pájaros.
De mayor, cuando pasaba por lugares donde se vendían estos animales, les abría la puerta de la jaula y los lanzaba para devolverles la libertad. Después pagaba al vendedor la cantidad que le pidiese. Parece ser que de esta pasión por los pájaros nació su gran obsesión por volar. Leonardo se pasó media vida diseñando máquinas voladoras.

VIRGEN DE LAS ROCAS, 1490-1508

Óleo sobre tabla (189,5 x 120 cm)
National Gallery, Londres (Inglaterra).

Lucca Pacioli

El tiempo que estuve en Milán fue muy provechoso. En 1498 colaboré con el gran matemático Lucca Pacioli haciendo los dibujos de su libro *De divina proportione*. Pacioli y yo nos hicimos muy amigos. También me aficioné a la óptica y a la ingeniería y, más adelante, estudié geología. ¡Me encantaba buscar conchas fosilizadas en la montaña!

Con el tiempo me convertí en un pintor muy valorado todo el mundo me llamaba "maestro". Bajo las órdenes del duque de Milán recibí dos de los encargos más importantes de la época: *La Virgen de las rocas* y *La última cena*. En esta obra utilicé por primera vez las técnicas del **esfumado** y del **claroscuro**, ¡con las que revolucioné el mundo del arte!

AHORA OBSERVA Y BUSCA:

(?) Fíjate en la posición de los personajes de este cuadro. **¿Qué figura geométrica forman?** Utilizo una composición triangular: la Virgen María, situada en la punta superior, y San Juan Bautista y el ángel, en los extremos inferiores.

(?) ¿Dónde están los cuatro personajes? Dentro de una cueva donde hay rocas, agua y vegetación. Me encantaban las cuevas, porque es como ver la naturaleza por dentro, el corazón de la Tierra.

(?) Observa que las figuras, independientemente de la luz natural que entra por el fondo de la cueva, parecen tener luz propia. Denominé esta nueva técnica claroscuro, en la que combino la luz y la sombra. También aquí utilicé el esfumado, la técnica que consiste en difuminar los contornos de la imagen que quiero destacar para conseguir que sea más real.

CURIOSIDADES: Se sabe muy poco de la vida personal de Leonardo. Por sus cartas y escritos sabemos que era estrictamente vegetariano, que tenía una excelente voz como cantante y que era tan valiente y forzudo que podía doblar la herradura de un caballo con las manos. Dicen que era muy atractivo y elegante, y que de joven sirvió como modelo para hacer la escultura *David*, de Verrochio y, de mayor, para el *Platón*, de Rafael.

David de Verrochio, en bronce

Cuando murió el rey de Francia Carlos VIII, su sucesor, Luis XII, conquistó Milán. El duque Ludovico Sforza lo perdió todo y abandonó la ciudad. Yo también decidí marcharme: aquélla había sido la tierra de mis estudios científicos y de mis mejores obras. Junto con mi amigo Pacioli nos instalamos unos días en la finca de otro buen amigo que se llamaba Melzi. Allí conocí a su hijo Francesco, quien más tarde fue otro de mis fieles discípulos y heredó todos mis manuscritos.

El cuadro que ves fue el último encargo importante que recibí en Milán. Los monjes del convento de Santa Maria delle Grazie querían un gran retablo en la sala del comedor. Decidí hacer una versión de La última cena y, antes de empezar a pintar, me pasé dos años estudiando la composición y la distribución de los personajes en el cuadro.

AHORA OBSERVA Y BUSCA:

(?) Si comparas esta obra con otras versiones de La última cena, te darás cuenta de que la gran diferencia entre ellas y la mía es el momento de la historia. Yo no represento la eucaristía, sino el instante en que Jesús dice: "Yo os aseguro que uno de vosotros me traicionará".

(?) **¿Qué están haciendo los apóstoles?** Fíjate en los gestos y en las expresiones. Están sorprendidos y preocupados por las palabras que acaban de escuchar, hablan entre ellos y buscan al traidor.

(?) Por primera vez en un retablo de La última cena, el apóstol Judas no aparece apartado de los demás, sino con los otros apóstoles. Observa que todos se agrupan de tres en tres.

CURIOSIDADES: En este mural Leonardo quiso experimentar con la pintura al óleo sobre yeso seco (los frescos de la época se pintaban sobre yeso húmedo). Lamentablemente, este experimento no salió bien y el mural se deterioró. Intentaron restaurarlo, pero no lo lograron. Quinientos años más tarde, con la ayuda de las tecnologías más modernas, se pudo hacer una reproducción bastante fiel.

¡DUCHA!

¡MÁQUINA VOLADORA!

¡PARACAÍDAS!

¡HELICÓPTERO!

¡HÉLICE!

¡BICICLETA!

¡NORIA!

LEONARDO INVENTOR

LA ÚLTIMA CENA, 1495-1498

Fresco (460 x 880 cm), Santa Maria delle Grazie, Milán (Italia)

Desde muy joven sentía una gran curiosidad por todo lo que me rodeaba. Me encantaba observar mi entorno y preguntarme el cómo y el porqué de las cosas. Me lo cuestionaba todo, incluso aquello que ya se daba por cierto. Observaba, investigaba y, tarde o temprano, ¡salía un nuevo invento!

Me fascinaban las máquinas. En aquella época había muy pocas. Piensa que casi todo se hacía manualmente. Entre las máquinas que inventé, las había para pulir espejos, para fabricar cuerdas, para elevar agua, para excavar y para otras muchas funciones. ¡Incluso inventé una grúa giratoria!

Me encantaba imaginarme la vida del futuro. Así podía intuir las necesidades que surgirían.

AHORA OBSERVA Y BUSCA:

(?) Después de un largo estudio sobre el vuelo de los pájaros, diseñé una máquina para volar y, más tarde, un aparato con una hélice, el llamado "orintóptero". Nunca se llegó a construir, pero el helicóptero moderno está basado en este diseño.

(?) **¿Sabías que inventé una máquina con dos ruedas que servía para desplazarse?** Hoy en día se conoce con el nombre de bicicleta.

(?) También diseñé máquinas de guerra, como el tanque blindado o los submarinos. Odiaba las guerras, pero en aquella época los estados italianos se enfrentaban continuamente y estas máquinas eran indispensables.

(?) **¿Sabías que inventé el paracaídas?** Estaba convencido de que algún día existirían máquinas voladoras y que, por lo tanto, los paracaídas serían de gran utilidad.

(?) Imagínate la vida dentro de aquí a cincuenta años. ¿Qué máquinas crees que se podrán inventar?

CURIOSIDADES: La mayoría de estos inventos no se llegaron a construir nunca porque todavía no existían los materiales o las herramientas adecuados. Leonardo fue un precursor, eso quiere decir que se adelantó a su tiempo, y en su caso, el adelanto fue de siglos. También fue un gran ilustrador y dibujó sus ideas con una precisión y una claridad excepcionales. Quinientos años después, sus dibujos todavía se pueden utilizar como planos para crear modelos que hoy en día son perfectamente funcionales.

LA GIOCONDA O MONNA LISA, 1503-1507

Óleo sobre tabla (77 x 53 cm)
Museo del Louvre, París (Francia)

En el año 1500 decidí instalarme de nuevo en Florencia. La familia de los Medici ya no gobernaba la ciudad y aquel esplendor del arte y de la ciencia de años atrás había desaparecido. En Florencia yo tenía mucha reputación como artista y nunca me faltó trabajo. Continuaba experimentando con la pintura, para lograr imágenes más reales.

En este famoso retrato aplico dos técnicas que ya había utilizado antes en mis cuadros: el esfumado y el claroscuro. Con estas técnicas introduje un aire de modernidad en la pintura de aquella época.

AHORA OBSERVA Y BUSCA:

(?) **¿Sabes quién era Monna Lisa?** Su nombre de soltera era Lisa Gherardini (Monna en italiano significa "señora"), pero como era la esposa de un rico florentino comerciante de seda que se llamaba Francesco del Giocondo, se la conocía por el apellido de su marido. El retrato me lo encargó mi padre, Piero da Vinci, con la intención de regalárselo a su amigo Francesco.

(?) Durante siglos, este rostro ha despertado un gran interés por su enigmática sonrisa y por su mirada, que, según dicen, sigue al espectador allá adonde va. Yo quería transmitir sentimientos mediante una pintura viva e intensa. **¿Qué emociones te sugiere este rostro?**

(?) **¿Sabes dónde utilizo la técnica del esfumado?** Pues en la cara. Observa que los contornos de los labios y de los ojos quedan difuminados. De este modo lograba un efecto de misterio en el retrato.

CURIOSIDADES: Leonardo sentía gran predilección por esta obra. Nunca entregó el cuadro a quien se lo encargó y no se separó de él hasta su muerte, en 1519. El heredero de este cuadro fue Salai, uno de sus discípulos favoritos. Más adelante, el rey francés Francisco I lo compró por 12.000 francos. En 1804 quedó asignado al Museo del Louvre, en París. En 1911 lo robaron, pero se recuperó dos años después. Desde entonces está expuesto en el Louvre con grandes medidas de seguridad. Sin duda, es el retrato más famoso de toda la historia de la pintura.

SANTA ANA, LA VIRGEN Y EL NIÑO CON EL CORDERO, 1510

Óleo sobre tabla (169 x 130 cm)
Museo del Louvre, París (Francia)

A principios del siglo XVI un personaje se hizo con el poder de muchas ciudades italianas. Se trataba de César Borgia, hijo del papa Alejandro VI. Político hábil y magnífico soldado, reclamó con mucha urgencia mis servicios en 1502. Con el fin de mejorar las ciudades que había conquistado, me encargó el diseño de canales, fortificaciones, calles... Redactó una carta a todos los capitanes, oficiales y gobernadores de castillos que decía: "Ordeno que en todas partes se autorice la entrada a nuestro inmensamente apreciado ingeniero Leonardo da Vinci, a quien he encargado que inspeccione y fortifique nuestros Estados y realice todos los cambios que crea necesarios". Estuve meses trabajando en varias ciudades: Urbino, Pesaro, Rimini, Ravena...

Cesar Borgia

AHORA OBSERVA Y BUSCA:

(?) Fíjate en que todos los personajes del cuadro están en movimiento. A través de las miradas se crea un vínculo de unión entre las cuatro figuras.

(?) **¿Qué forma geométrica ves como resultado de la posición de los personajes?** Aquí repito la composición triangular. También vuelvo a utilizar las técnicas del esfumado y el claroscuro.

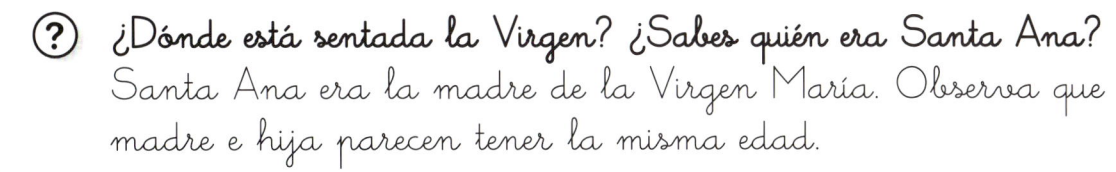

(?) **¿Dónde está sentada la Virgen? ¿Sabes quién era Santa Ana?** Santa Ana era la madre de la Virgen María. Observa que madre e hija parecen tener la misma edad.

(?) Este cuadro lo dejé inacabado. El Cordero lo pintó uno de mis alumnos. Existe una versión anterior hecha con carboncillo que dibujé para el rey francés. En dicha versión, en vez del Cordero aparece San Juan.

CURIOSIDADES: De todos los proyectos y trabajos que Leonardo diseñó durante esa época, uno de los más valorados fue la colección de mapas cartográficos de distintas zonas de Italia. Fue un trabajo admirable, una gran obra científica y artística. Por primera vez se podía observar una imagen de la geografía de una zona: montañas, valles, ríos, así como ciudades enteras.

EL CORAZÓN Y LAS VENAS

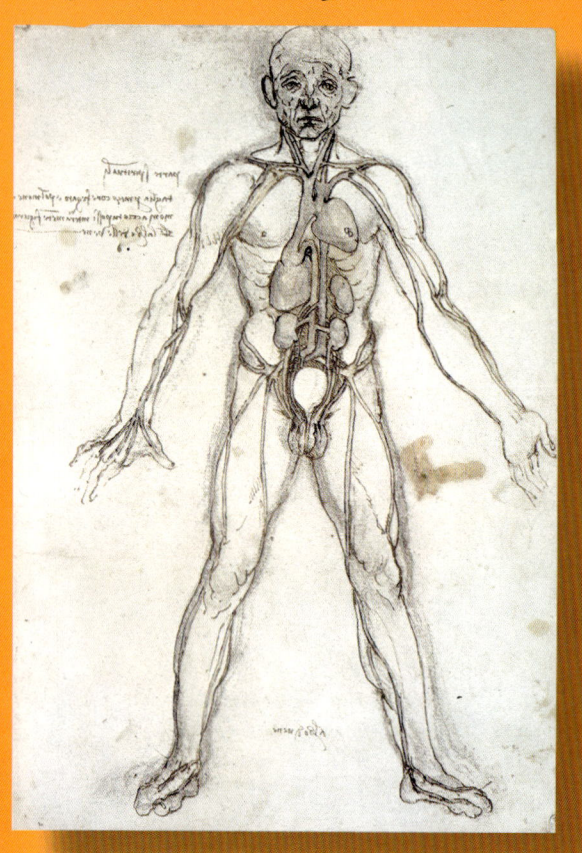

EL BUSTO

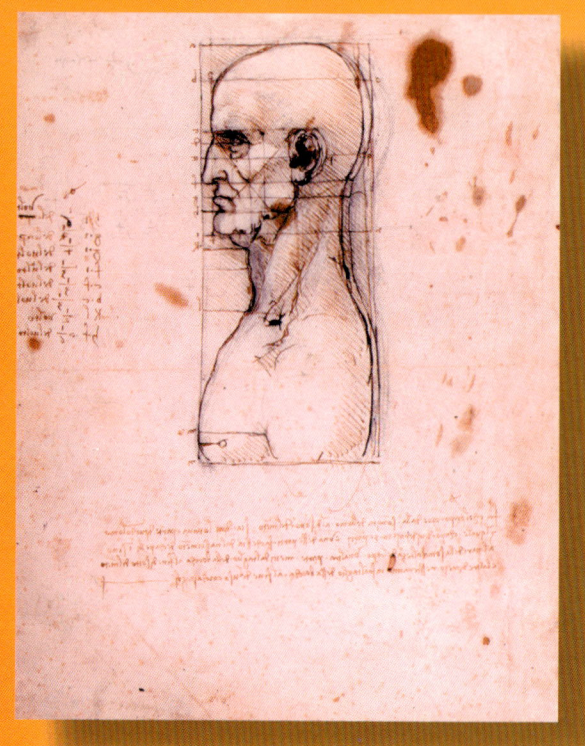

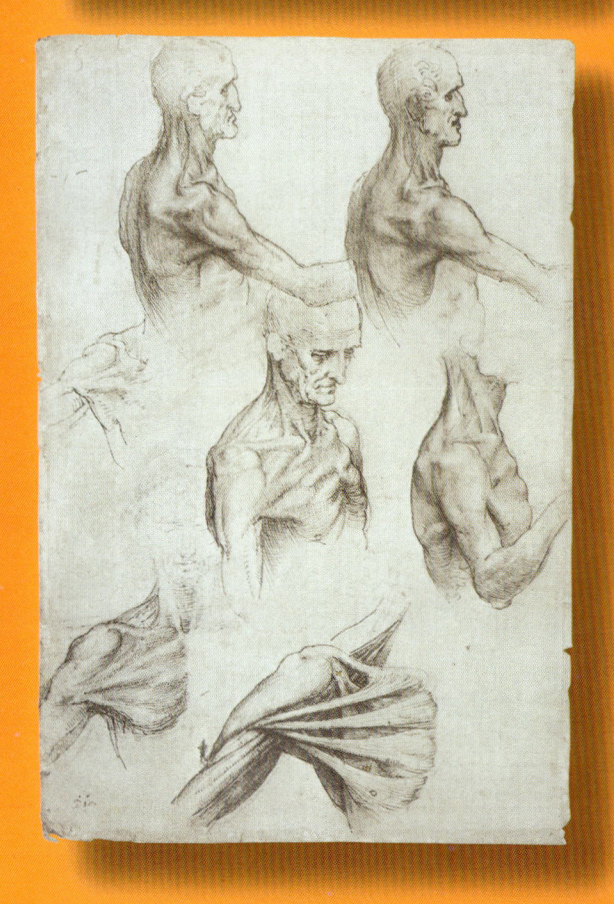

LOS MÚSCULOS

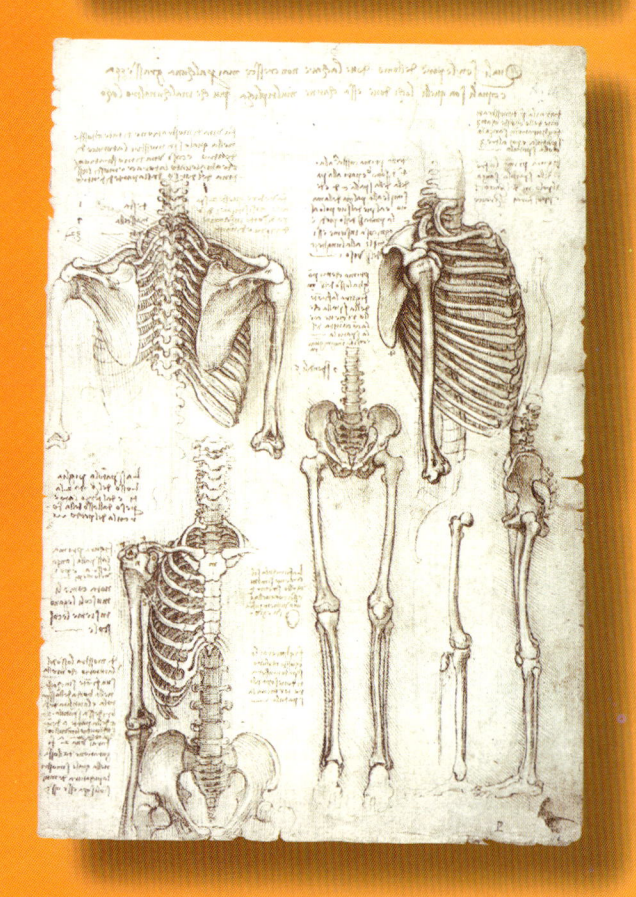

EL ESQUELETO

LEONARDO Y LA ANATOMÍA

No paraba de recibir encargos, incluso por parte del rey de Francia Luis XII. En el año 1508 me instalé en Milán, donde residí los cinco años siguientes. Allí mi actividad era muy variada: desde restaurar una catedral hasta organizar una gran fiesta.

Pero yo estaba obsesionado por el estudio de la naturaleza. Primero me interesé por el movimiento del agua. Más adelante la anatomía me fascinó, así que me dediqué de lleno a estudiar el cuerpo humano. Hice un montón de disecciones de cadáveres en el hospital de Florencia. Observaba los órganos, estudiaba sus proporciones y su funcionamiento y finalmente los dibujaba anotando todo lo que había aprendido. Era la primera vez que alguien realizaba un estudio tan completo del cuerpo humano. ¡En poco tiempo hice más de 1.500 dibujos! Era muy perfeccionista y creía que el único modo de representar correctamente la figura humana era conociéndola a través de la observación directa.

AHORA OBSERVA Y BUSCA:

(?) A lo largo de mi vida estudié y dibujé casi todas las partes del cuerpo humano. Muchas de ellas se representaban sobre papel por primera vez, como por ejemplo, las venas y los nervios de la cabeza.

(?) También dediqué muchas horas a estudiar el sistema cardiovascular (corazón y venas). Hice un dibujo muy detallado del corazón, pero no terminé de entender su funcionamiento.

(?) ¿Te has fijado con qué precisión dibujé el esqueleto humano? ¿No te recuerda una radiografía?

(?) Los últimos estudios anatómicos fueron los del aparato respiratorio y digestivo, que realicé básicamente con animales.

CURIOSIDADES: Desde muy joven Leonardo se opuso al concepto de belleza ideal. Creía que se tenía que representar la naturaleza con fidelidad, tal como era, sin tratar de mejorarla. Justamente con este concepto aparecen los primeros dibujos de personajes deformados y cómicos, considerados las primeras caricaturas de la historia del arte.

RETRATO DE LEONARDO, 1515

Dibujo a sanguina (33,2 x 21,2 cm)
Biblioteca Real, Turín (Italia)

En 1511 murió mi protector francés, Charles d'Amboise, gobernador francés en Milán. Esta ciudad ya no tenía el ambiente artístico de años atrás y en 1513 me fui a Roma con mis fieles discípulos: Francesco Melzi y Salai. En Roma trabajé al servicio de Giuliano de Medici y coincidí con otros grandes artistas como Miguel Ángel o Rafael. Cuando Giuliano de Medici murió en 1516, acepté la invitación del rey de Francia Francisco I. ¡Era un gran honor! Me nombró pintor, arquitecto e ingeniero de su corte. Me instalé en el palacio de Cloux, en el valle del río Loira, al lado de su palacio real. El rey Francisco I era un hombre con una enorme sensibilidad por el arte y fue un gran admirador de mi obra. Fuimos muy amigos.

AHORA OBSERVA Y BUSCA:

- ¿Sabes quién es este personaje? Pues yo mismo cuando tenía 67 años.
- ¿De qué color es el lápiz que uso? ¿Sabes de qué material se trata? En aquella época las pinturas se hacían de forma natural y artesanal. El pigmento rojo de este dibujo provenía de tierras naturales de Siena o de óxido de hierro.
- Esta posición del rostro es muy típica de los retratos y autorretratos. Se utilizaba para dar la máxima información de la cara, ya que nos permite ver los dos ojos y la forma de la nariz.
- La atención se centra en los ojos, la nariz y la boca porque el contorno no está del todo perfilado. ¿Qué te sugiere este rostro? ¿Qué te parece que estoy pensando?

CURIOSIDADES: En 1503 Leonardo fue miembro de un jurado que evaluó la escultura de un joven artista. Se trataba de *David*, de Michelangelo, una de las obras de arte más extraordinarias de todos los tiempos. El talento del joven escultor fascinó a Leonardo y pocos meses después trabajaron juntos pintando dos grandes murales en el palacio Vecchio. Por desgracia, aquellas dos obras se destruyeron durante la guerra de finales del siglo XVI y actualmente tan sólo quedan unas copias sobre cartón.

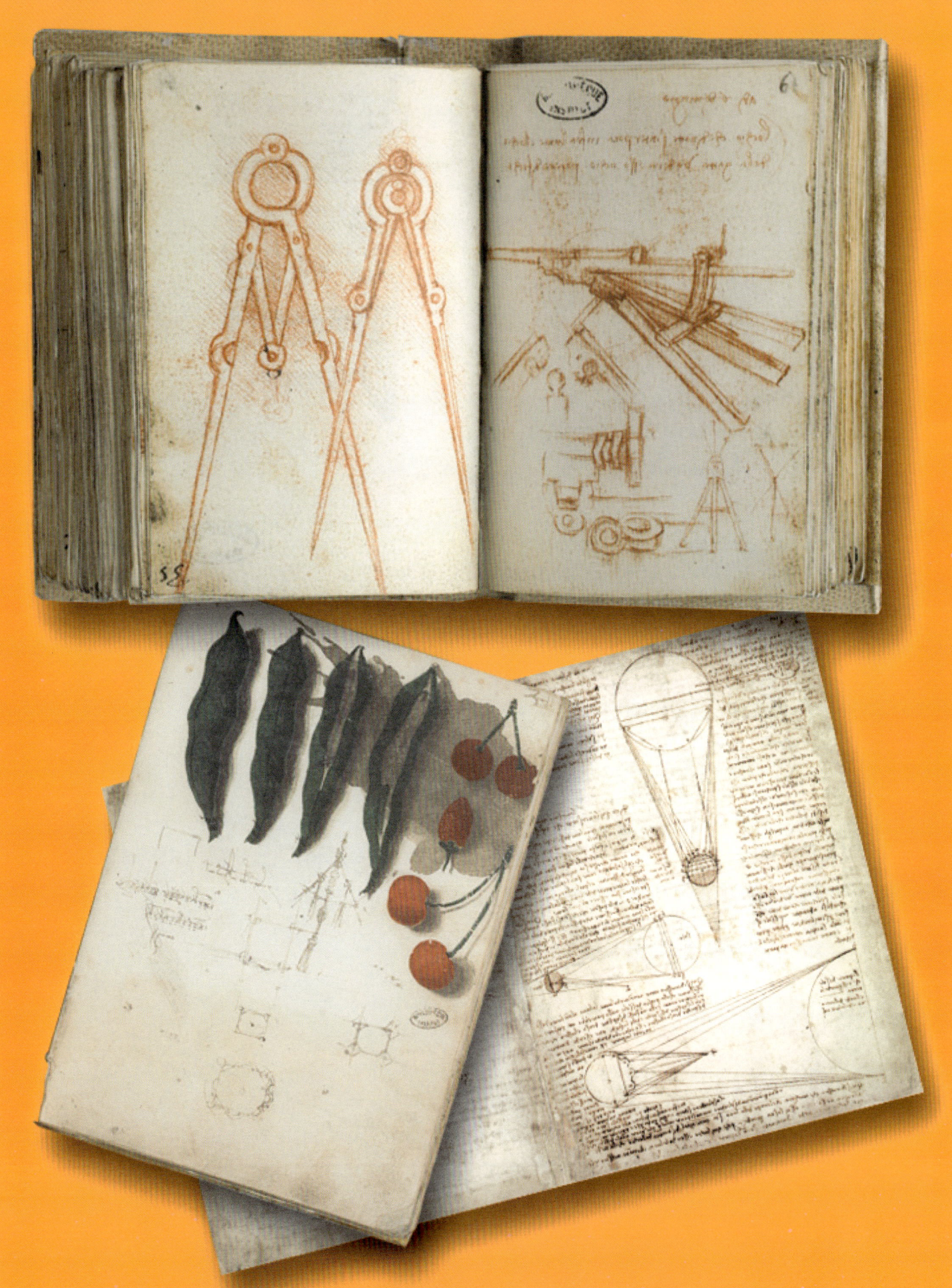

LOS MANUSCRITOS

¿Sabes qué es un manuscrito? Pues una serie de anotaciones escritas a mano. Yo siempre llevaba una libreta en mi bolsillo en la que anotaba cualquier reflexión o descubrimiento que hacía. Cuando llegaba a casa, lo volvía a escribir y ampliaba mis anotaciones con esbozos y dibujos. Gracias a estos manuscritos, llamados también códices, hoy en día se conocen mis inventos y todos mis estudios. Estos cuadernos fueron heredados por mi discípulo Francesco Melzi, quien los conservó hasta su muerte, en 1570. Su hijo Horacio, que no tenía ningún interés por estos viejos escritos, los vendió. Así empezó la dispersión de los manuscritos. Debido a robos y pérdidas, hoy en día sólo se conserva una quinta parte de los originales, que se pueden encontrar en distintos museos del mundo:

Italia: hay tres manuscritos: Códice Atlántico, de 401 páginas; Códice Trivulziano y Códice sobre el vuelo de los pájaros, de 18 páginas, que contiene estudios acerca de los pájaros y la máquina voladora.

Francia: en 1795 Napoleón trasladó doce manuscritos de Italia a París, al Instituto de Francia. Se trata de volúmenes de pequeño formato que contienen estudios de física, pintura, geometría y botánica.

España: en la Biblioteca Nacional de Madrid se encontraron dos códices por casualidad en 1966. Durante doscientos años fueron ignorados porque se habían archivado bajo otro nombre.

Inglaterra: a este país han ido a parar cinco de mis códices. La Colección Windsor contiene más de seiscientos dibujos sobre anatomía, paisajes, animales, caricaturas... El tema principal del Códice Arundel son las matemáticas, pero también trata la física, la óptica y la arquitectura. Los códices Forsters I, II y III reflejan mi pasión por la física y la ingeniería.

Estados Unidos: el Códice Hammer es parte de la colección particular del magnate Bill Gates, quien lo compró por treinta millones de dólares en 1994. El tema principal es el agua y contiene unos magníficos dibujos de corrientes y remolinos.

CURIOSIDADES: Del inmenso legado de Leonardo, se han conservado sólo unas veinte pinturas, centenares de dibujos —aunque ninguna escultura— y varios manuscritos, donde escribió sus reflexiones y descubrimientos. Leonardo nunca publicó el contenido de estos escritos, que permanecieron sin descifrar hasta el siglo XIX. Para evitar que los copiasen, Leonardo los había escrito de derecha a izquierda (caligrafía inversa). Para descifrarlos era necesario utilizar un espejo. Fue uno de los muchos trucos del gran genio.

ACTIVIDADES PEDAGÓGICAS

A continuación te proponemos una serie de actividades de expresión plástica con el objetivo de trabajar la obra de este gran genio de un modo divertido y creativo.
Antes de realizar cualquier actividad tienes que observar la obra a la cual hace referencia. Te recomendamos que hagas estas actividades con la ayuda de un adulto.

1. Pinta con alimentos. (Madonna Bennois - pág. 4)

MATERIAL: bandeja de pastelería, tijeras, lápiz, pinceles, col lombarda, limón, bicarbonato, chocolate fundido, café, huevos...

¿Sabías que Leonardo ya utilizó en aquella época algunos alimentos para elaborar sus pinturas? Una de les técnicas pictóricas más utilizadas era el temple, que consistía en mezclar los colores con clara de huevo.
¿Has intentado pintar con alimentos alguna vez? Primero busca alimentos que te puedan servir para pintar: café, chocolate, col lombarda, yema de huevo... Después toma una bandeja de pastelería blanca, recorta la parte superior en forma de arcada y dibuja una madre con su hijo. Ahora ya puedes empezar a pintar. Con el café o el chocolate puedes pintar el fondo. Si mezclas la col lombarda con el zumo de limón o bicarbonato, ¿qué color obtienes?

2. Trabajo de investigación. (Retrato de dama con armiño - pág. 6)
MATERIAL: cartulina negra, harina, colador, cola blanca, pincel, lápiz blanco y botones brillantes.

Leonardo era un hombre muy curioso, a quien le gustaba conocer todo lo que le rodeaba. ¿A ti también te gusta conocer y estudiar cosas nuevas? Pues ahora te proponemos un trabajo de investigación. Busca imágenes e información sobre un animal llamado armiño. ¿Dónde vive? ¿De qué se alimenta? ¿De qué color es? ¿En qué países y continentes lo encontramos?
A continuación dibuja una de las imágenes del armiño sobre la cartulina negra. Con el pincel extiende cola blanca por el interior del dibujo. Antes de que la cola se seque, espolvorea harina por encima con el colador. Una vez se haya secado la cola, sacude el dibujo para retirar el exceso de harina. Ahora sólo te falta pegar un par de botones en la cara del animal y... ¡ya tienes tu armiño!
Para terminar, haz lo que hacía Leonardo y escribe la información que hayas encontrado al lado del dibujo.

3. La proporción áurea. (El hombre de Vitrubio - pág. 8)
MATERIAL: calculadora, papel y cinta métrica.

Leonardo sabía que la naturaleza se puede expresar de forma geométrica y matemática. Para esta actividad, partiremos del número 1,618 (también llamado número de oro o número áureo). Se trata de comprobar que las distintas partes del cuerpo se relacionan entre sí y mantienen una proporción a través de este número.
Toma el papel y dibuja un hombre como el de Vitrubio con las piernas juntas. Anota sobre el papel la distancia que hay desde tu ombligo hasta los pies. Si multiplicas esta cifra por 1,618 sabrás tu altura.
Ahora fíjate en la distancia que hay entre la muñeca y la punta del dedo corazón. Multiplica otra vez por el número de oro y obtendrás la longitud del antebrazo humano. Fíjate en las medidas de los huesos de los dedos, en las proporciones de la cara... ¿Te das cuenta de que las matemáticas forman parte de nuestro cuerpo?

4. Relieve ecuestre (Monumento ecuestre - pág. 10)
MATERIAL: arcilla y palitos para moldear.

Haz una base rectangular de arcilla de un centímetro de grosor. Con un punzón o un palito de moldear dibuja sobre esta base la forma de un caballo. Después haz bolitas de arcilla y colócalas encima del dibujo. Dales forma para obtener el relieve de un caballo. Una vez acabado, deja que se seque y estará a punto para pintar.

5. Pinta sobre mojado. (La Virgen de las rocas - pág. 12)
MATERIAL: acuarelas, pinceles, papel para acuarela (absorbente) y agua.

El objetivo de esta actividad es trabajar la sensación del esfumado a partir del efecto del agua. Es importante que utilices un papel para acuarela.
Toma un papel y marca un triángulo que ocupe gran parte de su superficie. Dibuja lo que quieras teniendo en cuenta que las figuras no pueden salirse del triángulo (composición triangular). Antes de empezar a pintar, toma un pincel con agua y humedece una zona del dibujo. Después pinta este mismo trozo con acuarelas. Observa qué sucede cuando pones un color al lado de otro: se van mezclando por el efecto del agua. Utiliza los colores que quieras.

6. Figuras para comer (La última cena - págs. 15-16)
MATERIAL: levadura, harina (4 tazas), una cucharada de sal, agua templada (1 taza y media), chocolate fundido y pinceles.

¿Te gustaría crear una nueva versión de La última cena en tres dimensiones? Te proponemos que hagas esta actividad con masa de pan, aunque también la podrías hacer con plastilina o arcilla.
Mezcla la levadura con agua y añade la harina, la sal y el agua templada. Mézclalo todo hasta que obtengas una masa elástica pero no pegajosa, que podrás cortar y moldear. Crea tus figuras, tantas como personajes y elementos hay en el cuadro. Una vez hechas, mételas en el horno caliente y deja que se cuezan durante 10 o 15 minutos. Cuando estén cocidas y se hayan enfriado, las puedes pintar con chocolate fundido. Ahora que ya tienes las figuras, monta la escena de La última cena encima de una base de madera o cartón. ¿Se parece al cuadro de Leonardo?
Por último... ¡a merendar!

7. Juega a ser inventor. (Leonardo inventor - págs. 17-18)

MATERIAL: cajas de cartón, envases para reciclar, cordel, tijeras, cola, etc.

Busca material para reciclar: cajas de cartón, envases, latas, cordel, recortes de ropa, maderas... Recorta, cose y pega para construir alguna figura, animal, robot... ¿Eres capaz de inventar algún artilugio que tenga alguna utilidad?

8. Un retrato de revista. (La Gioconda - pág. 20)

MATERIAL: revistas, tijeras, papel, cola y colores.

Busca revistas viejas y recorta las caras que encuentres. ¿Qué emociones te llaman más la atención: la alegría, la tristeza, el enfado, la rabia, el cansancio, la indiferencia? Observa que los ojos y la boca nos indican el estado de ánimo, como en el caso de La Gioconda.

Ahora confecciona tu propio retrato a partir de las fotografías que has encontrado. ¿Qué expresión le quieres dar? Recorta unos ojos y una boca, y pégalos en una hoja de papel. Acaba de crear el personaje y su entorno con colores según la emoción que hayas escogido.

9. Aprende a observar. (Autorretrato de Leonardo da Vinci - pág. 26)

MATERIAL: lápiz y barra de sanguina (o lápiz de color marrón), papel y un espejo.

Mira el retrato de Leonardo. Fíjate en los trazos, la intensidad y el color del dibujo. Observa con mucha atención cómo están hechas todas las líneas. Ahora píntate a la manera de Leonardo: mírate en el espejo y sobre todo fíjate en los ojos, la nariz y la boca. No dibujes los contornos de la cara, pero pinta todos los detalles que veas. Observa tu ojo de cerca. Seguro que verás cosas que no habías visto nunca hasta ahora.

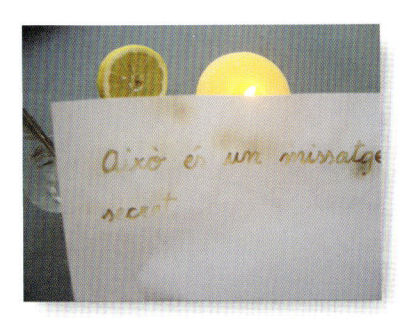

10. El código secreto. (Manuscritos - pág. 28)

MATERIAL: papel, lápiz, zumo de limón y palillos.

Hay muchas formas de guardar un secreto. Leonardo lo hizo escribiendo al revés. ¿Te atreves a crear tu propio código? Intenta hacer un nuevo abecedario con letras originales. Te puedes inspirar en los jeroglíficos egipcios. Si lo haces con un amigo, os servirá para mandaros mensajes secretos.

¿Alguna vez has intentado escribir con zumo de limón? Usa una pluma o un palillo y después acerca el papel a una fuente de calor, como por ejemplo la luz de una vela. ¿Qué sucede?

> *"No existen conocimientos más elevados o más inferiores, sino un conocimiento único que proviene de la experimentación"*
>
> Leonardo da Vinci

Retrato escultórico de Leonardo en mármol, Galleria Ufizzi, Florencia (Italia)

Leonardo da Vinci murió el 2 de mayo de 1519 en brazos del rey de Francia Francisco I, según cuenta la leyenda. Durante el último año de su vida sufrió una parálisis en el brazo derecho que le impidió pintar. Francisco I dijo de él: "No creo que haya en el mundo un hombre que sepa más que Leonardo, y no me refiero sólo a la escultura, la pintura y la arquitectura, sino también a la filosofía".

Leonardo fue una persona muy inquieta e inteligente, con una curiosidad sin límites por todas las materias. Se definía a sí mismo como un hombre sin letras debido a su falta de formación académica, pero se sentía orgulloso de haber llegado al conocimiento a través de la observación y la experiencia. Fue un auténtico autodidacta.

Su prestigio en vida no tuvo límites: dominó todos los campos de la ciencia y del arte. Hoy en día se le considera un genio universal y el personaje que ha hecho más aportaciones científicas y artísticas a la humanidad. Leonardo tenía una gran intuición y se avanzó muchísimo a su época. Tal vez la mejor definición de este genio fue la que hizo Sigmund Freud, cuando afirmó: "es como alguien despierto cuando los demás aún duermen".